Empanadas

Nileen Marie Schaldach

Empanadas

gefüllte Teigtaschen
süss & herzhaft

Jan Thorbecke Verlag

VERLAGSGRUPPE PATMOS

PATMOS
ESCHBACH
GRÜNEWALD
THORBECKE
SCHWABEN

Die Verlagsgruppe
mit Sinn für das Leben

ZUR AUTORIN & FOTOGRAFIN NILEEN MARIE SCHALDACH ist Foodbloggerin, Foodfotografin und Kochbuchautorin. Auf ihrem Foodblog Schätze aus meiner Küche (www.schaetzeausmeinerkueche.de) teilt sie seit 2012 leckere Rezepte und kulinarische Tipps für Cafés, Restaurants und Hotels mit über 50.000 Lesern pro Monat. 2017 ist bereits ihr Buch „Müsliriegel & Fruchtschnitten" im Thorbecke Verlag erschienen. Die Foodfotografin aus München hat schon zahlreiche Rezepte für bekannte Marken aus der Foodbranche entwickelt und fotografisch in Szene gesetzt.
Foodblog Schätze aus meiner Küche: www.schaetzeausmeinerkueche.de
Instagram: www.instagram.com/schaetzeausmeinerkueche, @schaetzeausmeinerkueche
Facebook: www.facebook.com/schaetzeausmeinerkueche

EIN GROSSES DANKESCHÖN AN ...

... meinen Mann Stephan, der mich auch bei meinem dritten Buchprojekt wieder tatkräftig unterstützt hat, ein halbes Jahr lang Empanadas verköstigt hat und mir mit hilfreichen Tipps zur Seite stand. Tausend Dank, dass du an meiner Seite bist!
... Mama, Papa und meinen Bruder Vivek, die hinter allen meinen Projekten stehen und mich voller Begeisterung unterstützen, wo sie können. Vielen Dank für alles!
... meine lieben Freunde Judith, Max, Christiane, Flo, Tabea, Markus, Tjaart, Jens, Marius und Geri, die wie bei meinen vorherigen Büchern gerne bereit waren, meine Koch- und Back-Experimente zu testen.

ein Unternehmen der Verlagsgruppe Patmos
in der Schwabenverlag AG, Ostfildern
www.thorbecke.de

Gestaltung: Finken & Bumiller, Stuttgart
Umschlagabbildung: © Stockfood/Zouev, Tanya
Druck: Himmer GmbH Druckerei, Augsburg
Hergestellt in Deutschland
ISBN 978-3-7995-1272-5

Inhalt

Empanadas – gefüllte TEIGTASCHEN

Gefüllte Teigtaschen gibt es auf der ganzen Welt. In Asien kommen herzhaft gefüllte Teigtaschen als Gyoza und Wan Tans auf den Tisch, und in meiner Heimatstadt Stuttgart essen wir sie liebend gerne als Maultaschen. Einige hundert Kilometer weiter südlich werden sie in Südtirol als Schlutzkrapfen und in Italien als Ravioli und Tortellini gegessen. Und noch ein bisschen weiter südlich in Spanien findet man bereits traditionelle Empanadas auf den Tellern, wie man sie auch aus Südamerika kennt.
Die köstlichen Teigtaschen können nach Lust und Laune gefüllt werden. Ganz klassisch isst man sie in Südamerika z.B. mit Rindfleisch- oder Hühnerfleischfüllung oder aber mit einer Füllung aus Thunfisch, Zwiebeln und Mais. Toll finde ich, dass in Südamerika je nach Region unterschiedliche Füllungen Tradition haben. In meinem Buch zeige ich Euch Empanadas, die Ihr mit köstlichen Füllungen, wie z.B. Chicken-Fajita-Füllung, Chili-Cheese-Füllung oder Spinat-Feta-Füllung, zubereiten könnt. Für süße Varianten habe ich natürlich auch gesorgt: Probiert am besten gleich mal meine leckeren Empanadas mit Nougat-Kirsch-Füllung aus! Die Empanadas sind ideal für die nächste Party, als Snack für zwischendurch oder in der Pausenbox, zum Picknick im Grünen oder als vollwertige Hauptmahlzeit mit einem Salat. Besonders lecker schmecken auch die Salsas und Dips dazu, die ihr auf den letzten Seiten in meinem Buch findet.

ZUTATENINFOS

Die Füllungen sollten schön aromatisch und voller Geschmack sein, und deshalb verwende ich für die Füllungen meiner Empanadas ausschließlich frisches Gemüse, Kräuter und Obst vom Markt, und das Fleisch hole ich direkt bei unserem Metzger. Damit die leckere Füllung beim Backen nicht ausläuft, gibt's hier ein paar nützliche Tipps:

* Alle Zutaten für die Füllung möglichst klein schneiden, so entstehen keine Löcher im Teig durch große Stücke in der Füllung.
* Zutaten, die vor der Zubereitung gewaschen werden, wie z.B. Kräuter, müssen sehr gut trocken getupft werden, denn sonst verwässert die Füllung und der Teig lässt sich nicht gut verschließen.
* Bei sehr weichen Füllungen oder Füllungen mit geriebenem Käse müssen die Teigränder besonders gut verschlossen werden.
* Für besonders gute Backergebnisse sollten die gefüllten Empanadas vor dem Backen ca. 30 Minuten in den Kühlschrank.
* Empanadas erst dann, wenn sie in den Ofen kommen, mit verquirltem Ei einstreichen.

EMPANADATEIG

Für Empanadateig gibt es unzählige Varianten, die in Südamerika je nach Region variieren. Mal wird der Teig aus Maismehl hergestellt, in anderen Ländern wie z.B. Kolumbien verwendet man lieber Weizenmehl. Meine Empanadas stelle ich mit unterschiedlichen Teigen her. Sehr gerne mag ich den klassischen Empanadateig, der besonders schnell aus wenigen Zutaten hergestellt ist. Entscheidet Ihr Euch für diesen Teig, könnt Ihr 20 Empanadas auf einmal zubereiten, oder Ihr verarbeitet nur die Hälfte des Teiges für 10 Empanadas weiter. Entsprechend müsst Ihr dann die Zutatenliste für die Füllung halbieren. Den restlichen, rohen Teig könnt Ihr, in Frischhaltefolie gewickelt, bis zu drei Tage im Kühlschrank aufbewahren. Superlecker schmeckt auch die Teigvariante mit Mehl, Quark und Butter. Der Teig wird schön zartblättrig, fast wie beim Blätterteig. Wenn es ganz schnell gehen soll, schmecken die Empanadas auch sehr fein mit fertigem Blätterteig aus dem Kühlregal.
Bei den Rezepten habe ich jeweils den von mir empfohlenen Teig, der am besten zur Füllung passt, angegeben. Ihr könnt den Teig aber nach Belieben ändern.
Für meine süßen Empanadas verwende ich einen Empanadateig, der Zucker enthält. Für eine schöne Teigkruste könnt Ihr die Empanadas, nachdem Ihr sie mit Ei bestrichen habt, mit Zimtzucker bestreuen. Der karamellisiert dann beim Backen und Ihr bekommt schöne, knusprige Empanadas. Besonders gerne mag ich die Variante, bei der die Empanadas nach dem Backen mit flüssiger Butter bestrichen und anschließend mit Zimtzucker bestreut werden.

EMPANADAGEWÜRZ

Meine Empanadas würze ich sehr gerne mit meinem selbstgemachten Empanadagewürz. Dafür einfach 3–4 TL Chilipulver, 2 TL feines Meersalz, 2 TL scharfes Paprikapulver, 1 TL Zucker, 1 TL Zwiebelpulver, ¾ TL gemahlener Kreuzkümmel, ½ TL Cayennepfeffer und ½ TL Knoblauchpulver in ein Schraubglas geben, gut verschließen und durch Schütteln vermischen.
Außerdem gibt es bei JustSpices tolle Gewürze, die sich ideal zum Würzen der Empanada-Füllungen eignen. Für meine Empanadas verwende ich folgende: Mexican Allrounder, Mole-Gewürz, Salsa-Gewürz und Guacamole-Gewürz.

EMPANADAS verschließen

Empanadas lassen sich am besten verschließen, indem man die Ränder mit den Fingern gut festdrückt. Nach Belieben kann man die Teigränder auch vor dem Zusammenklappen mit etwas verquirltem Eiweiß einstreichen, es geht aber auch gut ohne. Hübsch werden die Ränder, wenn man sie z.B. mit den Zinken einer leicht bemehlten Gabel eindrückt. Alternativ kann man die Empanadas auch durch Drehen und Festdrücken der Ränder verschließen, so entsteht ein schöner gewellter Rand (siehe Empanadas mit Lachs und Frühlingszwiebeln auf S. 22). Als weitere Variante kann man die Ränder auch mit den Fingern in kurzen Abständen nach oben zusammendrücken (siehe Chicken-Fajita-Empanadas auf S. 17).

Klassischer Empanadateig

FÜR 20 EMPANADAS

390 g Mehl
½ TL Salz
170 g weiche Butter
1 Ei (M)
85 ml Wasser

1 Das Mehl mit dem Salz in einer großen Schüssel vermischen. Die Butter in Stücken dazugeben und die Masse in der Küchenmaschine oder mit den Knethaken des Rührgeräts zu einem krümeligen Teig verkneten. Das Ei unterrühren, dann das Wasser nach und nach dazugeben. So lange kneten, bis ein glatter, geschmeidiger Teig entstanden ist.

2 Für die Empanadas den Teig portionsweise ca. 3 mm dünn ausrollen und Kreise mit einem Durchmesser von ca. 10 cm ausstechen. Übrigen Teig verkneten, erneut ausrollen und Kreise ausstechen. So verfahren, bis der Teig verbraucht ist.

3 Empanadas, die aus diesem Teig hergestellt werden, bekommen beim Backen einen schönen Glanz, wenn sie mit einer Mischung aus einem verquirlten Ei, 1 EL Milch und einer Prise Salz bestrichen werden.

Tipp: *Der fertige, rohe Teig hält sich, in Frischhaltefolie gewickelt, bis zu drei Tage im Kühlschrank. Es sollte dann allerdings ein sehr frisches Ei verwendet werden.*

Quark-Butter-Mehl-Teig *für EMPANADAS*

FÜR 20 EMPANADAS

175 g Mehl
175 g Magerquark
175 g kalte Butter
1 Prise Salz

1 Mehl, Magerquark und Butter in Flöckchen in eine große Rührschüssel geben. Eine Prise Salz dazugeben und alles mit den Knethaken des Rührgeräts rasch zu einem geschmeidigen Teig verarbeiten. Damit sich die Butter gleichmäßig verteilt, den Teig zum Schluss noch einmal mit den Händen verkneten.

2 Den Teig zu einer flachen Platte formen und in Frischhaltefolie wickeln. Die Teigplatte für mindestens 1 Stunde in den Kühlschrank legen.

3 Für die Empanadas den Teig portionsweise ca. 3 mm dünn ausrollen und Kreise mit einem Durchmesser von ca. 10 cm ausstechen. Übrigen Teig verkneten, erneut ausrollen und Kreise ausstechen. So verfahren, bis der Teig verbraucht ist. Wenn sich der Teig nicht mehr gut ausrollen lässt, kurz im Kühlschrank durchkühlen.

4 Empanadas, die aus diesem Teig hergestellt werden, bekommen beim Backen einen schönen Glanz, wenn sie mit einer Mischung aus einem verquirlten Eigelb und 1 EL Milch bestrichen werden.

Süßer Empanadateig

FÜR 20 EMPANADAS

400 g Mehl
75 g Zucker
Mark von 1 Vanilleschote
1 Prise Salz
225 g Butter
2 Eier
2 EL kaltes Wasser

1 Mehl, Zucker, Vanillemark und eine Prise Salz in eine große Rührschüssel geben und alles gut vermischen. Die Butter in Flöckchen in die Schüssel geben und mit den Knethaken des Rührgeräts rasch zu einem krümeligen Teig verarbeiten.

2 Die Eier nacheinander unterrühren, zum Schluss das kalte Wasser hinzugeben und zügig verrühren, bis ein glatter Teig entstanden ist.

3 Den Teig zu einer flachen Platte formen und in Frischhaltefolie wickeln. Die Teigplatte für mindestens 45 Minuten in den Kühlschrank legen.

4 Für die Empanadas den Teig portionsweise ca. 3 mm dünn ausrollen und Kreise mit einem Durchmesser von ca. 10 cm ausstechen. Übrigen Teig verkneten, erneut ausrollen und Kreise ausstechen. So verfahren, bis der Teig verbraucht ist. Wenn sich der Teig nicht mehr gut ausrollen lässt, kurz im Kühlschrank durchkühlen.

5 Empanadas, die aus diesem Teig hergestellt werden, bekommen beim Backen einen schönen Glanz, wenn sie mit einer Mischung aus einem verquirlten Ei, 1 EL Milch und einer Prise Salz bestrichen werden.

Empanadas

mit PIKANTER HACKFLEISCHFÜLLUNG

FÜR 16 STÜCK
2 ROLLEN BLÄTTERTEIG (À 270 G)

FÜLLUNG
2 Frühlingszwiebeln
100 g rote Paprika
1 Knoblauchzehe
1 kleine Chilischote
1 TL Olivenöl
200 g gemischtes Hackfleisch
2 TL Crème fraîche
2 TL Tomatenmark
½ TL Oregano
5 Minzeblättchen
Salz
frisch gemahlener schwarzer Pfeffer
etwas scharfes Paprikapulver

GLASUR
1 Ei
1 EL Milch
1 Prise Salz

1 Die Frühlingszwiebeln waschen und in feine Ringe schneiden. Die Paprika waschen, putzen und sehr klein würfeln. Den Knoblauch schälen und zusammen mit der Chilischote fein hacken.
2 Das Olivenöl in einer beschichteten Pfanne erhitzen und die Frühlingszwiebeln und die Paprika ca. 3 Minuten glasig andünsten. Hackfleisch, Knoblauch und Chili dazugeben und alles unter Rühren ca. 5 Minuten anbraten. Crème fraîche, Tomatenmark und Oregano hinzufügen und gut unterrühren.
3 Die Minze waschen, klein schneiden und unter die Hackfleischfüllung rühren. Die Hackfleischfüllung mit Salz, Pfeffer und Paprikapulver abschmecken. Die Füllung abkühlen lassen.
4 Den Blätterteig ausbreiten und Kreise mit einem Durchmesser von ca. 10 cm ausstechen. Übrigen Blätterteig zügig verkneten, erneut ca. 3 mm dünn ausrollen und Kreise ausstechen.
5 Je 1 EL Hackfleisch-Füllung in die Mitte der Kreise geben und leicht festdrücken. Die Kreise zu Halbkreisen zusammenklappen und die Ränder gut festdrücken. Nach Belieben die Ränder mit den Zinken einer Gabel eindrücken. Die Empanadas auf ein mit Backpapier ausgelegtes Blech setzen und für ca. 30 Minuten in den Kühlschrank stellen.
6 Den Ofen auf 190 °C Ober-/Unterhitze vorheizen. Das Ei mit der Milch und einer Prise Salz verquirlen und die Empanadas dünn damit bestreichen. Die Empanadas im Ofen (Mitte) ca. 22–25 Minuten goldgelb backen.

Tipp: *Alternativ können die Empanadas auch mit dem klassischen Empanadateig (s. S. 8) zubereitet werden. Erfrischend dazu schmeckt die Mangosalsa (s. S. 63).*

Chicken-Fajita-Empanadas

FÜR 20 STÜCK
1 PORTION KLASSISCHER EMPANADATEIG
(S. S. 8)

FÜLLUNG

280 g Hühnerbrustfilet
150 g rote Paprika
1 Knoblauchzehe
40 g rote Zwiebel
1,5 EL Pflanzenöl
2 TL Empanadagewürz (s. S. 7)
2 TL Tomatenmark
30 g geriebener Gouda
Salz
frisch gemahlener schwarzer Pfeffer

GLASUR

1 Ei
1 EL Milch
1 Prise Salz

1. Das Hühnerbrustfilet kalt abwaschen, trockentupfen und in feine Streifen schneiden. Die Paprika waschen, putzen und klein würfeln. Den Knoblauch und die Zwiebel schälen und fein hacken.
2. Das Pflanzenöl in einer beschichteten Pfanne erhitzen. Paprika, Zwiebel und Knoblauch bei mittlerer Hitze ca. 3 Minuten andünsten, dabei gelegentlich umrühren. Das Gemüse in eine Schüssel geben.
3. Das Hühnchen in die Pfanne geben und von allen Seiten anbraten. Das Empanadagewürz darüberstreuen und unter Rühren weitere 2 Minuten braten. Das Hühnchen ebenfalls in die Schüssel geben. Das Tomatenmark und den Gouda dazugeben und alles gut vermengen. Die Chicken-Fajita-Masse mit Salz und Pfeffer würzen.
4. Den Empanadateig wie im Rezept beschrieben zubereiten und 3 mm dünn ausrollen. Kreise mit einem Durchmesser von 10 cm ausstechen. Teigreste erneut verkneten, ausrollen und Kreise ausstechen. Je 1 EL Füllung mittig auf die Kreise geben, die Teigkreise zusammenklappen und die Ränder gut festdrücken. Nach Belieben die Ränder mit den Zinken einer Gabel eindrücken. Die Empanadas auf ein mit Backpapier ausgelegtes Blech setzen und für ca. 30 Minuten in den Kühlschrank stellen.
5. Den Ofen auf 190 °C Ober-/Unterhitze vorheizen. Das Ei mit der Milch und einer Prise Salz verquirlen und die Empanadas dünn damit bestreichen. Die Empanadas im Ofen (Mitte) ca. 22–25 Minuten goldgelb backen.
6. Dazu schmeckt Sour Cream, zubereitet mit Zitronensaft anstelle von Limettensaft (s. S. 59).

Chili-Cheese-Empanadas *mit Hühnchen*

FÜR 20 STÜCK
1 PORTION QUARK-BUTTER-MEHL-TEIG (S. S. 11)

FÜLLUNG
30 g Frühlingszwiebel
150 g gekochtes oder gebratenes Hühnchen
1 grüne Chilischote
150 g geriebener Cheddar
½ TL scharfes Paprikapulver
Salz
frisch gemahlener schwarzer Pfeffer

GLASUR
1 Eigelb
1 EL Milch
etwas geriebener Cheddarkäse zum Bestreuen

1 Die Frühlingszwiebel waschen und in feine Ringe schneiden. Das Hühnchen in kleine Stücke schneiden oder zupfen und zusammen mit den Frühlingszwiebeln in eine Schüssel geben. Den Chili fein hacken und je nach gewünschter Schärfe mit oder ohne Kerne zum Hühnchen geben. Den geriebenen Käse und das Paprikapulver dazugeben und alles gut vermengen. Die Füllung mit Salz und Pfeffer abschmecken.
2 Den Quark-Butter-Mehl-Teig wie im Rezept beschrieben zubereiten und 3 mm dünn ausrollen. Kreise mit einem Durchmesser von 10 cm ausstechen. Teigreste erneut verkneten, ausrollen und Kreise ausstechen. Je 1 EL Füllung mittig auf die Kreise geben, die Teigkreise zusammenklappen und die Ränder gut festdrücken. Nach Belieben die Ränder mit den Zinken einer Gabel eindrücken. Die Empanadas auf ein mit Backpapier ausgelegtes Blech setzen und für ca. 30 Minuten in den Kühlschrank stellen.
3 Den Ofen auf 200 °C Ober-/Unterhitze vorheizen. Das Eigelb mit der Milch verquirlen und die Empanadas dünn damit bestreichen. Mit Cheddar bestreuen und die Empanadas im Ofen (Mitte) ca. 22–25 Minuten goldgelb backen.
4 Dazu schmeckt der Korianderdip (s. S. 60).

Tipp: *Diese Empanadas sollten am besten warm serviert werden.*

Empanadas

mit Schinken-Lauch-Füllung

FÜR 16 STÜCK
2 ROLLEN BLÄTTERTEIG (À 270 G)

FÜLLUNG
150 g Lauch
50 g Zwiebel
1 EL Pflanzenöl
200 g Kochschinken
80 g geriebener Bergkäse (z. B. Gruyère)
Paprikapulver
Salz
frisch gemahlener schwarzer Pfeffer

GLASUR
1 Ei
1 EL Milch
1 Prise Salz

1 Den Lauch waschen, putzen und zusammen mit der geschälten Zwiebel klein schneiden. Das Öl in einer beschichteten Pfanne erhitzen, Lauch und Zwiebeln ca. 5 Minuten in der Pfanne glasig andünsten. Den Schinken klein schneiden und ebenfalls in die Pfanne geben, weitere 2 Minuten mitdünsten. Die Lauch-Schinken-Masse in eine Schüssel geben und mit dem geriebenen Bergkäse vermischen. Die Füllung mit Paprikapulver, Salz und Pfeffer würzig abschmecken.

2 Den Blätterteig ausbreiten und Kreise mit einem Durchmesser von ca. 10 cm ausstechen. Übrigen Blätterteig zügig verkneten, erneut ca. 3 mm dünn ausrollen und Kreise ausstechen.

3 Je 1 EL Füllung in die Mitte der Kreise geben und leicht festdrücken. Die Kreise zu Halbkreisen zusammenklappen und die Ränder gut festdrücken. Nach Belieben die Ränder mit den Zinken einer Gabel eindrücken. Die Empanadas auf ein mit Backpapier ausgelegtes Blech setzen und für ca. 30 Minuten in den Kühlschrank stellen.

4 Den Ofen auf 190 °C Ober-/Unterhitze vorheizen. Das Ei mit der Milch und einer Prise Salz verquirlen und die Empanadas dünn damit bestreichen. Die Empanadas im Ofen (Mitte) ca. 22–25 Minuten goldgelb backen.

Empanadas

mit LACHS UND FRÜHLINGSZWIEBELN

FÜR 20 STÜCK
1 PORTION KLASSISCHER EMPANADATEIG
(S. S. 8)

FÜLLUNG

280 g Räucherlachs
80 g Frühlingszwiebeln
1 Knoblauchzehe
60 g Frischkäse
2 TL Limettensaft
Salz
frisch gemahlener schwarzer Pfeffer

GLASUR

1 Ei
1 EL Milch
1 Prise Salz

1 Räucherlachs klein schneiden und in eine Schüssel geben. Frühlingszwiebeln waschen, putzen und zusammen mit der geschälten Knoblauchzehe fein hacken. Frühlingszwiebeln, Knoblauch, Frischkäse und Limettensaft zum Lachs geben und alles gut vermischen. Die Lachsfüllung mit Salz und Pfeffer abschmecken.

2 Den Empanadateig wie im Rezept beschrieben zubereiten und 3 mm dünn ausrollen. Kreise mit einem Durchmesser von 10 cm ausstechen. Teigreste erneut verkneten, ausrollen und Kreise ausstechen. Je 1 EL Füllung mittig auf die Kreise geben, die Teigkreise zusammenklappen und die Ränder gut festdrücken. Nach Belieben die Ränder mit den Zinken einer Gabel eindrücken. Die Empanadas auf ein mit Backpapier ausgelegtes Blech setzen und für ca. 30 Minuten in den Kühlschrank stellen.

3 Den Ofen auf 190 °C Ober-/Unterhitze vorheizen. Das Ei mit der Milch und einer Prise Salz verquirlen und die Empanadas dünn damit bestreichen. Die Empanadas im Ofen (Mitte) ca. 22–25 Minuten goldgelb backen.

Tuna-Empanadas

FÜR 20 STÜCK
1 PORTION KLASSISCHER EMPANADATEIG
(S. S. 8)

FÜLLUNG
500 g Thunfisch aus der Dose
120 g rote Zwiebel
½ EL Pflanzenöl
4 EL Frischkäse
2 EL gehackte Petersilie
Salz
frisch gemahlener schwarzer Pfeffer

GLASUR
1 Ei
1 EL Milch
1 Prise Salz

1 Den sehr gut abgetropften Thunfisch in eine große Schüssel geben.
2 Die Zwiebel schälen und fein hacken. Das Öl in einer beschichteten Pfanne erhitzen und die Zwiebelstücke ca. 5 Minuten glasig andünsten. Zwiebeln, Frischkäse und gehackte Petersilie ebenfalls in die Schüssel geben und alles gut vermengen. Die Thunfischmasse mit Salz und Pfeffer abschmecken.
3 Den Empanadateig wie im Rezept beschrieben zubereiten und 3 mm dünn ausrollen. Kreise mit einem Durchmesser von 10 cm ausstechen. Teigreste erneut verkneten, ausrollen und Kreise ausstechen. Je 1 EL Füllung mittig auf die Kreise geben, die Teigkreise zusammenklappen und die Ränder gut festdrücken. Nach Belieben die Ränder mit den Zinken einer Gabel eindrücken. Die Empanadas auf ein mit Backpapier ausgelegtes Blech setzen und für ca. 30 Minuten in den Kühlschrank stellen.
4 Den Ofen auf 190 °C Ober-/Unterhitze vorheizen. Das Ei mit der Milch und einer Prise Salz verquirlen und die Empanadas dünn damit bestreichen. Die Empanadas im Ofen (Mitte) ca. 22–25 Minuten goldgelb backen.

Empanadas

mit MIT PULLED PORK ODER PULLED BEEF

FÜR 20 STÜCK
2 ROLLEN BLÄTTERTEIG (À 270 G)

FÜLLUNG

40 g rote Zwiebel
1 TL Olivenöl
160 g gekochtes, sehr weiches Schweinefleisch oder Rindfleisch (z.B. vom Schweine- oder Rinderbraten)
3 EL Lieblings-Barbecue-Sauce
¼ TL scharfes Paprikapulver
1 Msp. gemahlener Kreuzkümmel
Salz
frisch gemahlener schwarzer Pfeffer

GLASUR

1 Ei
1 EL Milch
1 Prise Salz

1 Die Zwiebel klein schneiden. Das Öl in einer beschichteten Pfanne erhitzen und die Zwiebeln ca. 5 Minuten in der Pfanne glasig andünsten. Das Fleisch zerzupfen oder sehr klein schneiden und ebenfalls in die Pfanne geben, weitere 2 Minuten mitdünsten. Die Fleisch-Zwiebel-Masse in eine Schüssel geben und mit der Barbecue-Sauce vermengen. Die Füllung mit Paprikapulver, Kreuzkümmel, Salz und Pfeffer würzig abschmecken.

2 Den Blätterteig ausbreiten und Kreise mit einem Durchmesser von ca. 10 cm ausstechen. Übrigen Blätterteig zügig verkneten, erneut ca. 3 mm dünn ausrollen und Kreise ausstechen.

3 Je 1 EL Füllung in die Mitte der Kreise geben und leicht festdrücken. Die Kreise zu Halbkreisen zusammenklappen und die Ränder gut festdrücken. Nach Belieben die Ränder mit den Zinken einer Gabel eindrücken. Die Empanadas auf ein mit Backpapier ausgelegtes Blech setzen und für ca. 30 Minuten in den Kühlschrank stellen.

4 Den Ofen auf 190 °C Ober-/Unterhitze vorheizen. Das Ei mit der Milch und einer Prise Salz verquirlen und die Empanadas dünn damit bestreichen. Die Empanadas im Ofen (Mitte) ca. 22–25 Minuten goldgelb backen.

5 Dazu schmeckt die Tomatensalsa (s. S. 55).

Pulled-Chicken-BBQ-Empanadas

FÜR 20 STÜCK
1 PORTION QUARK-BUTTER-MEHL-TEIG (S. S. 11)

FÜLLUNG
250 g sehr weich gekochtes Hühnchen
1 Zwiebel
1 Knoblauchzehe
1 TL Olivenöl
4–5 EL Barbecue-Sauce
2 Zweige Thymian
etwas Chilipulver oder frische Chilischote
Salz
frisch gemahlener schwarzer Pfeffer

GLASUR
1 Eigelb
1 EL Milch

1 Das Hühnchen in kleine Stücke schneiden oder zupfen und in eine Schüssel geben. Die Zwiebel und den Knoblauch schälen und fein hacken. Das Olivenöl in einer beschichteten Pfanne erhitzen und die Zwiebeln und den Knoblauch ca. 5 Minuten glasig andünsten, anschließend zum Hühnchen geben.
2 Die Barbecue-Sauce und die Thymianblättchen unter das Hühnchen rühren und die Füllung nach Belieben mit Chilipulver oder frisch gehackter Chilischote scharf würzen. Mit Salz und Pfeffer abschmecken.
3 Den Quark-Butter-Mehl-Teig wie im Rezept beschrieben zubereiten und 3 mm dünn ausrollen. Kreise mit einem Durchmesser von 10 cm ausstechen. Teigreste erneut verkneten, ausrollen und Kreise ausstechen. Je 1 EL Füllung mittig auf die Kreise geben, die Teigkreise zusammenklappen und die Ränder gut festdrücken. Nach Belieben die Ränder mit den Zinken einer Gabel eindrücken. Die Empanadas auf ein mit Backpapier ausgelegtes Blech setzen und für ca. 30 Minuten in den Kühlschrank stellen.
4 Den Ofen auf 200 °C Ober-/Unterhitze vorheizen. Das Eigelb mit der Milch verquirlen und die Empanadas dünn damit bestreichen. Die Empanadas im Ofen (Mitte) ca. 22–25 Minuten goldgelb backen.
5 Dazu schmeckt die Mangosalsa (s. S. 63).

Caprese-Empanadas

FÜR 20 STÜCK
1 PORTION KLASSISCHER EMPANADATEIG (S. S. 8)

FÜLLUNG

3 Tomaten
125 g Mozzarella
20 g geriebener Parmesan
30 g Zwiebel
1 Knoblauchzehe
2 TL Tomatenmark
1,5 EL frisch gehacktes Basilikum
½ TL Oregano
Salz
frisch gemahlener schwarzer Pfeffer

GLASUR

1 Ei
1 EL Milch
1 Prise Salz
2 EL Sesam

1 Die Tomaten waschen, vierteln und entkernen, anschließend klein würfeln. Den Mozzarella klein schneiden und zusammen mit den Tomatenwürfeln und dem geriebenen Parmesan in eine Schüssel geben. Die Zwiebel und den Knoblauch schälen, fein hacken und ebenfalls in die Schüssel geben. Tomatenmark, Basilikum und Oregano dazugeben und alles gut vermengen. Mit Salz und Pfeffer abschmecken.

2 Den Empanadateig wie im Rezept beschrieben zubereiten und 3 mm dünn ausrollen. Kreise mit einem Durchmesser von 10 cm ausstechen. Teigreste erneut verkneten, ausrollen und Kreise ausstechen. Je 1 EL Füllung mittig auf die Kreise geben, die Teigkreise zusammenklappen und die Ränder gut festdrücken. Nach Belieben die Ränder mit den Zinken einer Gabel eindrücken. Die Empanadas auf ein mit Backpapier ausgelegtes Blech setzen und für ca. 30 Minuten in den Kühlschrank stellen.

3 Den Ofen auf 190 °C Ober-/Unterhitze vorheizen. Das Ei mit der Milch und einer Prise Salz verquirlen und die Empanadas dünn damit bestreichen. Den Sesam über die Empanadas streuen. Die Empanadas im Ofen (Mitte) ca. 22–25 Minuten goldgelb backen.

4 Dazu schmeckt die Pesto-Sauce (s. S. 56).

Empanadas

mit SPINAT UND FETA

FÜR 20 STÜCK
1 PORTION KLASSISCHER EMPANADATEIG
(S. S. 8)

FÜLLUNG
500 g frischer Blattspinat
½ EL Pflanzenöl
80 g Zwiebel
1 Knoblauchzehe
180 g Feta
Salz
frisch gemahlener schwarzer Pfeffer
Muskatnuss

GLASUR
1 Ei
1 EL Milch
1 Prise Salz

1 Den Blattspinat gründlich waschen und trockentupfen. Das Öl in einer beschichteten Pfanne erhitzen. Den Spinat in die Pfanne geben und unter gelegentlichem Rühren in ca. 5 Minuten zusammenfallen lassen. Den Spinat in ein Sieb geben, gut abtropfen lassen und gut ausdrücken.
2 Die Zwiebel und den Knoblauch schälen und fein hacken. Beides in der Pfanne ca. 3 Minuten andünsten. Spinat, Zwiebeln und Knoblauch in eine Schüssel geben. Den Feta darüberkrümeln und alles gut vermengen. Mit Salz, Pfeffer und Muskatnuss würzen.
3 Den Empanadateig wie im Rezept beschrieben zubereiten und 3 mm dünn ausrollen. Kreise mit einem Durchmesser von 10 cm ausstechen. Teigreste erneut verkneten, ausrollen und Kreise ausstechen. Je 1 EL Füllung mittig auf die Kreise geben, die Teigkreise zusammenklappen und die Ränder gut festdrücken. Nach Belieben die Ränder mit den Zinken einer Gabel eindrücken. Die Empanadas auf ein mit Backpapier ausgelegtes Blech setzen und für ca. 30 Minuten in den Kühlschrank stellen.
4 Den Ofen auf 190 °C Ober-/Unterhitze vorheizen. Das Ei mit der Milch und einer Prise Salz verquirlen und die Empanadas dünn damit bestreichen. Die Empanadas im Ofen (Mitte) ca. 22–25 Minuten goldgelb backen.
5 Dazu schmeckt die Tomatensalsa (s. S. 55).

Empanadas

mit MIT KARTOFFEL-KÄSE-FÜLLUNG

FÜR 20 STÜCK
2 ROLLEN BLÄTTERTEIG (À 270 G)

FÜLLUNG
40 g Zwiebel
1 TL Olivenöl
180 g gekochte Kartoffeln (mehligkochend)
160 g geriebener Bergkäse
scharfes Paprikapulver
Salz
frisch gemahlener schwarzer Pfeffer

GLASUR
1 Ei
1 EL Milch
1 Prise Salz

1 Die Zwiebel fein hacken. Das Öl in einer beschichteten Pfanne erhitzen und die Zwiebeln ca. 5 Minuten in der Pfanne glasig andünsten. Die Zwiebeln in eine Schüssel geben. Die gekochten Kartoffeln grob zerkleinern und zusammen mit dem geriebenen Bergkäse unter die Zwiebeln mischen. Die Füllung mit Paprikapulver, Salz und Pfeffer würzig abschmecken.
2 Den Blätterteig ausbreiten und Kreise mit einem Durchmesser von ca. 10 cm ausstechen. Übrigen Blätterteig zügig verkneten, erneut ca. 3 mm dünn ausrollen und Kreise ausstechen.
3 Je 1 EL Füllung in die Mitte der Kreise geben und leicht festdrücken. Die Kreise zu Halbkreisen zusammenklappen und die Ränder gut festdrücken. Nach Belieben die Ränder mit den Zinken einer Gabel eindrücken. Die Empanadas auf ein mit Backpapier ausgelegtes Blech setzen und für ca. 30 Minuten in den Kühlschrank stellen.
4 Den Ofen auf 190 °C Ober-/Unterhitze vorheizen. Das Ei mit der Milch und einer Prise Salz verquirlen und die Empanadas dünn damit bestreichen. Die Empanadas im Ofen (Mitte) ca. 22–25 Minuten goldgelb backen.
5 Dazu schmeckt der Korianderdip (s. S. 60).

Paprika-Mais-Empanadas

FÜR 16 STÜCK
1 PORTION QUARK-BUTTER-MEHL-TEIG (S. S. 11)

FÜLLUNG
1 Zwiebel
1 Knoblauchzehe
150 g rote Paprika
1 TL Olivenöl
100 g Mais (aus der Dose)
etwas geräuchertes Paprikapulver
etwas Mexican-Allrounder-Gewürz (oder anderes mexikanisches Gewürz)
Salz
frisch gemahlener schwarzer Pfeffer

GLASUR
1 Eigelb
1 EL Milch

1. Die Zwiebel und den Knoblauch schälen und fein würfeln. Die Paprika waschen, entkernen und in kleine Würfel schneiden. Das Öl in einer beschichteten Pfanne erhitzen und die Zwiebel, den Knoblauch und die Paprika ca. 5 Minuten andünsten, dabei gelegentlich umrühren.
2. Das Gemüse in eine Schüssel geben und den Mais unterrühren. Mit geräuchertem Paprikapulver, Mexican-Allrounder-Gewürz, Salz und Pfeffer würzig abschmecken.
3. Den Quark-Butter-Mehl-Teig wie im Rezept beschrieben zubereiten und 3 mm dünn ausrollen. Kreise mit einem Durchmesser von 10 cm ausstechen. Teigreste erneut verkneten, ausrollen und Kreise ausstechen. Je 1 EL Füllung mittig auf die Kreise geben, die Teigkreise zusammenklappen und die Ränder gut festdrücken. Nach Belieben die Ränder mit den Zinken einer Gabel eindrücken. Die Empanadas auf ein mit Backpapier ausgelegtes Blech setzen und für ca. 30 Minuten in den Kühlschrank stellen.
4. Den Ofen auf 200 °C Ober-/Unterhitze vorheizen. Das Eigelb mit der Milch verquirlen und die Empanadas dünn damit bestreichen. Die Empanadas im Ofen (Mitte) ca. 22–25 Minuten goldgelb backen.
5. Dazu schmeckt der Korianderdip (s. S. 60).

Vier-Käse-Empanadas

FÜR 20 STÜCK
1 PORTION KLASSISCHER EMPANADATEIG **(S. S. 8)**

FÜLLUNG
250 g Mozzarella
80 g Frischkäse
80 g geriebener Gouda
80 g geriebener Bergkäse
1,5 TL Oregano
Paprikapulver
Salz
frisch gemahlener schwarzer Pfeffer

GLASUR
1 Ei
1 EL Milch
1 Prise Salz

1. Den Mozzarella würfeln und mit Frischkäse, geriebenem Gouda und Bergkäse in einer Schüssel vermengen. Die Käsemasse mit Oregano, Paprikapulver, Salz und Pfeffer kräftig würzen. Anschließend 20 Kugeln aus der Käsemasse formen.
2. Den Empanadateig wie im Rezept beschrieben zubereiten und 3 mm dünn ausrollen. Kreise mit einem Durchmesser von 10 cm ausstechen. Teigreste erneut verkneten, ausrollen und Kreise ausstechen. Je eine Käsekugel mittig auf die Kreise geben, die Teigkreise zusammenklappen und die Ränder gut festdrücken. Nach Belieben die Ränder mit den Zinken einer Gabel eindrücken. Die Empanadas auf ein mit Backpapier ausgelegtes Blech setzen und für ca. 30 Minuten in den Kühlschrank stellen.
3. Den Ofen auf 190 °C Ober-/Unterhitze vorheizen. Das Ei mit der Milch und einer Prise Salz verquirlen und die Empanadas dünn damit bestreichen. Die Empanadas im Ofen (Mitte) ca. 22–25 Minuten goldgelb backen. Die Empanadas am besten noch warm servieren.

Onion-Cheese-Empanadas

FÜR 20 STÜCK
1 PORTION KLASSISCHER EMPANADATEIG (S. S. 8)

FÜLLUNG
250 g Mozzarella
80 g Frischkäse
40 g geriebener Bergkäse
1 große Zwiebel
2 kleine Frühlingszwiebeln
etwas neutrales Pflanzenöl
1 TL Zucker
3 TL dunkler Balsamico
Salz
frisch gemahlener schwarzer Pfeffer

GLASUR
1 Ei
1 EL Milch
1 Prise Salz

1 Den Mozzarella würfeln und mit dem Frischkäse und dem geriebenen Bergkäse in einer Schüssel vermengen. Die Zwiebel und die Frühlingszwiebeln schälen bzw. putzen, waschen und anschließend in feine Würfel bzw. Ringe schneiden. Etwas Öl in einer Pfanne erhitzen und die Zwiebeln bei mittlerer Hitze ca. 5 Minuten glasig dünsten, dabei gelegentlich umrühren. Die Zwiebeln mit dem Zucker bestreuen und leicht karamellisieren lassen. Anschließend mit Balsamico ablöschen, gut umrühren und ca. 2 Minuten köcheln lassen. Die Balsamico-Zwiebeln abkühlen lassen, dann zur Käsemasse geben und unterrühren. Mit Salz und Pfeffer abschmecken.

2 Den Empanadateig wie im Rezept beschrieben zubereiten und 3 mm dünn ausrollen. Kreise mit einem Durchmesser von 10 cm ausstechen. Teigreste erneut verkneten, ausrollen und Kreise ausstechen. Je 1 EL Füllung mittig auf die Kreise geben, die Teigkreise zusammenklappen und die Ränder gut festdrücken. Nach Belieben die Ränder mit den Zinken einer Gabel eindrücken. Die Empanadas auf ein mit Backpapier ausgelegtes Blech setzen und für ca. 30 Minuten in den Kühlschrank stellen.

3 Den Ofen auf 190 °C Ober-/Unterhitze vorheizen. Das Ei mit der Milch und einer Prise Salz verquirlen und die Empanadas dünn damit bestreichen. Die Empanadas im Ofen (Mitte) ca. 22–25 Minuten goldgelb backen.

4 Dazu schmeckt die Tomatensalsa (s. S. 55).

Empanadas

mit Ratatouille-Gemüse

FÜR 16 STÜCK
1 PORTION KLASSISCHER EMPANADATEIG
(S. S. 8)

FÜLLUNG

100 g Zucchini
120 g Aubergine
120 g rote Paprika
etwas Olivenöl
1 Knoblauchzehe
3 TL Tomatenmark
1 TL Oregano
1 TL Kräuter der Provence
Paprikapulver
Salz
frisch gemahlener schwarzer Pfeffer

GLASUR

1 Ei
1 EL Milch
1 Prise Salz

1 Die Zucchini, die Aubergine und die Paprika waschen und in sehr kleine Würfel schneiden. Etwas Olivenöl in einer Pfanne erhitzen und die Gemüsewürfel in ca. 10 Minuten bei mittlerer Hitze anbraten. Die Knoblauchzehe schälen, fein hacken, ebenfalls in die Pfanne geben und kurz mitdünsten. Das Tomatenmark unter das Gemüse rühren und mit Oregano, Kräutern der Provence und Paprikapulver würzen. Das Ratatouille-Gemüse abkühlen lassen und mit Salz und Pfeffer abschmecken.

2 Den Empanadateig wie im Rezept beschrieben zubereiten und 3 mm dünn ausrollen. Kreise mit einem Durchmesser von 10 cm ausstechen. Teigreste erneut verkneten, ausrollen und Kreise ausstechen. Je 1 EL Füllung mittig auf die Kreise geben, die Teigkreise zusammenklappen und die Ränder gut festdrücken. Nach Belieben die Ränder mit den Zinken einer Gabel eindrücken. Die Empanadas auf ein mit Backpapier ausgelegtes Blech setzen und für ca. 30 Minuten in den Kühlschrank stellen.

3 Den Ofen auf 190 °C Ober-/Unterhitze vorheizen. Das Ei mit der Milch und einer Prise Salz verquirlen und die Empanadas dünn damit bestreichen. Die Empanadas im Ofen (Mitte) ca. 22–25 Minuten goldgelb backen.

4 Dazu schmeckt die Pesto-Sauce (s. S. 56).

Empanadas
mit PILZ-FÜLLUNG

FÜR 20 STÜCK
1 PORTION QUARK-BUTTER-MEHL-TEIG (S. S. 11)

FÜLLUNG
300 g Champignons
1 kleine Zwiebel
1 kleine Knoblauchzehe
1 TL Olivenöl
2 EL frisch gehackte Petersilie
100 g Ricotta
30 g geriebener Parmesan
Muskatnuss
Salz
frisch gemahlener schwarzer Pfeffer

GLASUR
1 Eigelb
1 EL Milch

1. Die Champignons putzen und in kleine Würfel schneiden. Die Zwiebel und den Knoblauch schälen und fein hacken. Das Öl in einer beschichteten Pfanne erhitzen und die Champignons, die Zwiebeln und den Knoblauch darin ca. 5 Minuten andünsten, dabei gelegentlich umrühren.
2. Die Champignon-Zwiebel-Mischung in eine Schüssel geben und etwas abkühlen lassen.
3. Petersilie, Ricotta und Parmesan dazugeben und alles zu einer gleichmäßigen Füllung vermengen. Mit Muskatnuss, Salz und Pfeffer abschmecken.
4. Den Quark-Butter-Mehl-Teig wie im Rezept beschrieben zubereiten und 3 mm dünn ausrollen. Kreise mit einem Durchmesser von 10 cm ausstechen. Teigreste erneut verkneten, ausrollen und Kreise ausstechen. Je 1 EL Füllung mittig auf die Kreise geben, die Teigkreise zusammenklappen und die Ränder gut festdrücken. Nach Belieben die Ränder mit den Zinken einer Gabel eindrücken. Die Empanadas auf ein mit Backpapier ausgelegtes Blech setzen und für ca. 30 Minuten in den Kühlschrank stellen.
5. Den Ofen auf 200 °C Ober-/Unterhitze vorheizen. Das Eigelb mit der Milch verquirlen und die Empanadas dünn damit bestreichen. Die Empanadas im Ofen (Mitte) ca. 22–25 Minuten goldgelb backen.

Empanadas

mit BANANE UND SCHOKOLADE

FÜR 20 STÜCK
1 PORTION SÜSSER EMPANADATEIG (S. S. 12)

FÜLLUNG

250 g Banane
1 TL frisch gepresster Zitronensaft
160 g Zartbitterschokolade
4 TL brauner Zucker
3 TL Kakao

GLASUR

1 Ei
1 EL Milch
1 Prise Salz
2 EL Butter
2 EL Zucker
1 TL Zimt

1 Die Bananen schälen und in einem tiefen Teller mit einer Gabel zu Mus zerdrücken.
2 Das Bananenmus mit Zitronensaft beträufeln und beiseite stellen. Die Schokolade sehr fein hacken und zusammen mit dem braunen Zucker und dem Kakao unter das Bananenmus rühren.
3 Den Empanadateig wie im Rezept beschrieben zubereiten und 3 mm dünn ausrollen. Kreise mit einem Durchmesser von 10 cm ausstechen. Teigreste erneut verkneten, ausrollen und Kreise ausstechen. Je 1 EL Füllung mittig auf die Kreise geben, die Teigkreise zusammenklappen und die Ränder gut festdrücken. Nach Belieben die Ränder mit den Zinken einer Gabel eindrücken. Die Empanadas auf ein mit Backpapier ausgelegtes Blech setzen und für ca. 30 Minuten in den Kühlschrank stellen.
4 Den Ofen auf 190 °C Ober-/Unterhitze vorheizen. Das Ei mit der Milch und einer Prise Salz verquirlen und die Empanadas dünn damit bestreichen. Die Empanadas im Ofen (Mitte) ca. 22–25 Minuten goldgelb backen.
5 Kurz vor Ende der Backzeit die Butter in einem ofenfesten Förmchen in den Backofen stellen, bis sie geschmolzen ist. Währenddessen den Zucker mit dem Zimt vermengen. Die fertig gebackenen Empanadas mit der flüssigen Butter bestreichen und mit Zimtzucker bestreuen.

Apfel-Empanadas

FÜR 16 STÜCK
1 PORTION SÜSSER EMPANADATEIG (S. S. 12)

FÜLLUNG

240 g geschälte Äpfel (z.B. Boskop oder Gravensteiner)
1 TL frisch gepresster Zitronensaft
4 TL brauner Zucker
¼ TL Zimt
4 TL gemahlene Mandeln

GLASUR

1 Ei
1 EL Milch
1 Prise Salz

1 Die geschälten Äpfel sehr klein würfeln und mit dem Zitronensaft, dem braunen Zucker, dem Zimt und den gemahlenen Mandeln vermischen.
2 Den Empanadateig wie im Rezept beschrieben zubereiten und 3 mm dünn ausrollen. Kreise mit einem Durchmesser von 10 cm ausstechen. Teigreste erneut verkneten, ausrollen und Kreise ausstechen. Je 1 EL Füllung mittig auf die Kreise geben, die Teigkreise zusammenklappen und die Ränder gut festdrücken. Nach Belieben die Ränder mit den Zinken einer Gabel eindrücken. Die Empanadas auf ein mit Backpapier ausgelegtes Blech setzen und für ca. 30 Minuten in den Kühlschrank stellen.
3 Den Ofen auf 190 °C Ober-/Unterhitze vorheizen. Das Ei mit der Milch und einer Prise Salz verquirlen und die Empanadas dünn damit bestreichen. Die Empanadas im Ofen (Mitte) ca. 22–25 Minuten goldgelb backen.

Weinbergpfirsich-Empanadas *mit MINZZUCKER*

FÜR 20 STÜCK
1 PORTION SÜSSER EMPANADATEIG (S. S. 12)

FÜLLUNG
350 g Weinbergpfirsich
2 EL gehackte Minze
4 TL brauner Zucker
Mark von ¼ Vanilleschote

GLASUR
1 Ei
1 EL Milch
1 Prise Salz

1 Die Weinbergpfirsiche kreuzweise einschlitzen und in einen großen Topf geben. Mit kochendem Wasser übergießen, ca. 5 Minuten ziehen lassen. Anschließend die Pfirsiche aus dem heißen Wasser nehmen und häuten.

2 Die Pfirsiche in kleine Würfel schneiden und zusammen mit der gehackten Minze, dem braunen Zucker und dem Vanillemark vermengen.

3 Den Empanadateig wie im Rezept beschrieben zubereiten und 3 mm dünn ausrollen. Kreise mit einem Durchmesser von 10 cm ausstechen. Teigreste erneut verkneten, ausrollen und Kreise ausstechen. Je 1 EL Füllung mittig auf die Kreise geben, die Teigkreise zusammenklappen und die Ränder gut festdrücken. Nach Belieben die Ränder mit den Zinken einer Gabel eindrücken. Die Empanadas auf ein mit Backpapier ausgelegtes Blech setzen und für ca. 30 Minuten in den Kühlschrank stellen.

4 Den Ofen auf 190 °C Ober-/Unterhitze vorheizen. Das Ei mit der Milch und einer Prise Salz verquirlen und die Empanadas dünn damit bestreichen. Die Empanadas im Ofen (Mitte) ca. 22–25 Minuten goldgelb backen.

5 Nach Belieben können diese Empanadas mit Zimt-Zucker bestreut werden wie auf S. 47 beschrieben.

Empanadas

mit KIRSCH-NOUGAT-FÜLLUNG

FÜR 16 STÜCK
1 PORTION SÜSSER EMPANADATEIG (S. S. 12)

FÜLLUNG
240 g Sauerkirschen
¼ TL Zimt
1 EL Zucker
16 kleine Stücke Nougatschokolade

GLASUR
1 Ei
1 EL Milch
1 Prise Salz
1 EL Zucker
½ TL Zimt

1 Die Kirschen klein schneiden und in ein feines Sieb geben. Mindstens 2 Stunden abtropfen lassen. Die Kirschen mit Zimt und Zucker vermengen.
2 Den Empanadateig wie im Rezept beschrieben zubereiten und 3 mm dünn ausrollen. Kreise mit einem Durchmesser von 10 cm ausstechen. Teigreste erneut verkneten, ausrollen und Kreise ausstechen. Je 1 EL Füllung und ein Stück Nougatschokolade mittig auf die Kreise geben, die Teigkreise zusammenklappen und die Ränder gut festdrücken. Nach Belieben die Ränder mit den Zinken einer Gabel eindrücken. Die Empanadas auf ein mit Backpapier ausgelegtes Blech setzen und für ca. 30 Minuten in den Kühlschrank stellen.
3 Den Ofen auf 190 °C Ober-/Unterhitze vorheizen. Das Ei mit der Milch und einer Prise Salz verquirlen und die Empanadas dünn damit bestreichen. Den Zucker mit dem Zimt vermengen und die Empanadas damit bestreuen. Die Empanadas im Ofen (Mitte) ca. 22–25 Minuten goldgelb backen.

Schnelle Tomatensalsa

FÜR CA. 250 G

3 große Tomaten (z. B. San Marzano)
1 Frühlingszwiebel
2 EL fein gehacktes Basilikum
2,5 EL Olivenöl
Salz
frisch gemahlener Pfeffer
1 Prise Zucker

1 Die Tomaten waschen, vierteln und entkernen. Die Frühlingszwiebel waschen und in feine Ringe schneiden.
2 Die Tomatenwürfel mit den Frühlingszwiebeln und dem Basilikum vermengen.
3 Das Olivenöl unterrühren, anschließend die Tomatensalsa mit Salz, Pfeffer und einer Prise Zucker abschmecken.

Pesto-Sauce

FÜR CA. 200 G

1 Bund Basilikum
1 Knoblauchzehe
10 EL Olivenöl
30 g frisch geriebener Parmesan
Salz
frisch gemahlener Pfeffer
etwas Zitronensaft

1 Das Basilikum waschen und gut trocken schütteln. Das Basilikum zusammen mit der geschälten Knoblauchzehe grob hacken und in einen hohen Rührbecher geben.
2 2 EL Olivenöl dazugeben und alles mit dem Stabmixer pürieren. Nach und nach das restliche Olivenöl untermixen, zum Schluss den geriebenen Parmesan dazugeben und kurz untermixen.
3 Die Pesto-Sauce mit Salz, Pfeffer und etwas Zitronensaft abschmecken.

Sour Cream

mit LIMETTE

FÜR CA. 200 G

100 g Crème fraîche
75 g Schmand
1 EL Limettensaft
Salz
frisch gemahlener schwarzer Pfeffer

1 Crème fraîche, Schmand und Limettensaft in eine Schüssel geben und zu einer gleichmäßigen Creme verrühren.
2 Die Sour Cream mit Salz und Pfeffer abschmecken und bis zum Verzehr mit Frischhaltefolie abgedeckt im Kühlschrank lagern.

Tipp: *Nach Belieben kann man die Sour Cream mit frisch gehackten Kräutern verfeinern.*

Koriander-dip

FÜR CA. 100 G

1 Bund Koriander
½ kleine rote Peperoni
1 Knoblauchzehe
5 EL Joghurt
2 EL Olivenöl
Salz
frisch gemahlener Pfeffer

1 Den Koriander waschen und gut trocken schütteln. Zusammen mit der Peperoni und der geschälten Knoblauchzehe fein hacken.

2 Koriander, Peperoni und Knoblauch mit dem Joghurt in eine Schüssel geben und gut verrühren. Zum Schluss das Olivenöl unterrühren und den Korianderdip mit Salz und Pfeffer abschmecken.

Mango-salsa

FÜR CA. 200 G

150 g Mango
1 Frühlingszwiebel
1 kleine Chilischote
3 Minzblättchen
1–2 TL frisch gepresster Limettensaft
1 TL Sesamöl
Salz
frisch gemahlener schwarzer Pfeffer

1 Die Mango schälen, entkernen und das Fruchtfleisch klein würfeln. Die Frühlingszwiebel waschen und in feine Ringe schneiden. Die Chilischote waschen, ggf. entkernen und fein hacken.
2 Mango, Frühlingszwiebel und Chili in eine Schüssel geben und gut verrühren.
3 Die Minze waschen, fein hacken und zusammen mit dem Limettensaft und dem Sesamöl unter die Mangosalsa rühren. Die Salsa leicht salzen und pfeffern.

Tipp: *Zum Würzen der Mangosalsa eignet sich das Salsa-Gewürz von JustSpices besonders gut.*

Register